LA

# LOI ACTUELLE

ET LA

## LOI NOUVELLE

SUR

## LES PENSIONS CIVILES

PAR

LÉON LEBOUR

Sous-chef du bureau des pensions au Ministère de l'Intérieur



(*Extrait de la* REVUE GÉNÉRALE D'ADMINISTRATION)

PARIS

BERGER-LEVRAULT ET Cie, LIBRAIRES-ÉDITEURS

5, RUE DES BEAUX-ARTS, 5

*MÊME MAISON A NANCY*

1881

LA

# LOI ACTUELLE

ET LA

## LOI NOUVELLE

SUR

# LES PENSIONS CIVILES

PAR

LÉON LEBOUR
Sous-chef du bureau des pensions au Ministère de l'Intérieur

---

(*Extrait de la* REVUE GÉNÉRALE D'ADMINISTRATION)

---

PARIS
BERGER-LEVRAULT ET Cie, LIBRAIRES-ÉDITEURS
5, RUE DES BEAUX-ARTS, 5
*MÊME MAISON A NANCY*

1881

LA

# LOI ACTUELLE ET LA LOI NOUVELLE

SUR

## LES PENSIONS CIVILES

---

La *Revue générale d'administration* a déjà consacré un article [1] au projet de loi portant création d'une Caisse nationale de prévoyance pour les fonctionnaires et employés civils, projet qui, après avoir été adopté par le Sénat, a été déposé sur le bureau de la Chambre des députés, dans la séance du 1er avril 1879.

La question a un si grand intérêt pour tout le personnel des employés de l'État que nous ne craignons pas d'aborder de nouveau le sujet. Nous le traiterons, du reste, à un point de vue différent.

Acceptant les déclarations des promoteurs du projet, qui considèrent le nouveau système de retraite comme beaucoup plus avantageux pour les employés que le système ancien, l'auteur de la première étude s'est surtout attaché à rechercher les moyens de faire profiter de ces avantages les employés actuellement en fonctions auxquels la loi, dans sa rédaction présente, n'est pas applicable. Il a fait également ressortir la supériorité théorique du nouveau système.

Notre tâche sera plus modeste; plus rapproché de la pratique, nous comparerons, sans parti pris, sans aperçu théorique, les deux systèmes, leurs avantages et leurs inconvénients, nous préoccupant avant tout de l'intérêt des employés, et désirant les éclairer sur les détails d'une réforme qu'ils paraissent ne connaître qu'imparfaitement, si l'on juge par le peu de publications auxquelles elle a donné lieu depuis 5 ans qu'elle est à l'étude.

---

1. Livraison de janvier 1881.

# I.

Pour faciliter l'examen comparatif que nous projetons, il est indispensable de rappeler les principes de la législation sur les retraites et les phases diverses qu'elle a traversées.

Ces principes qui prennent leur source dans une pensée d'humanité et de justice, n'ont pas varié en France. A toutes les époques, en effet, les pouvoirs publics ont reconnu et admis que l'État avait le devoir de venir au secours de ses anciens serviteurs, lorsque l'âge et les infirmités ne leur permettent plus de rendre des services[1]. Toutefois, l'obtention « des grâces ou des récompenses » que leur conféraient les anciennes ordonnances, ne fut pendant longtemps soumise à aucune condition précise; ce n'est qu'en 1789 qu'on se préoccupa de les déterminer.

La loi du 22 août 1790, résultat de ces études, pose pour la première fois les bases de la rémunération publique.

Elle proclame que l'État doit « récompenser les services rendus au corps social quand leur importance et leur durée méritent ce témoignage de reconnaissance » et crée un fonds de 12 millions afin de « payer aux citoyens le prix des sacrifices qu'ils ont faits à l'utilité publique » ; mais les événements politiques de 1791 rendent presque aussitôt cette somme insuffisante[2]. Il faut, pour rétablir l'équilibre, abaisser le taux du maximum des pensions, élever la limite d'âge et restreindre les conditions du droit à pension (L. du 15 germinal an XI, décret du 13 septembre 1806), mais ces mesures deviennent elles-mêmes bientôt insuffisantes.

Le paiement des pensions se trouve suspendu faute de fonds, et, pour rémunérer les services de leurs employés, les administrations

---

1. Le même principe est admis dans les pays voisins : Angleterre, Belgique, Prusse, Autriche.

2. Le replacement de l'impôt entre les mains des agents directs de l'État supprime plus de 200,000 employés des fermes et régies auxquels des pensions et secours s'élevant à 9,045,000 fr., sont accordés par la loi du 31 juillet 1791. — Des pensions sont également attribuées aux vainqueurs de la Bastille (L. du 25 déc. 1790), aux soldats des régiments suisses licenciés (L. du 20 août 1793), aux gagistes de la liste civile (L. du 7 mars 1793), aux citoyens blessés le 10 août (L. du 4 germinal an II); enfin la suppression des cultes et des corporations religieuses met à la charge de l'État le chiffre énorme de 33 millions de pensions ecclésiastiques. (C. Oubry, *Dictionnaire des pensions inscrites au Trésor public.*)

publiques fondent, avec l'autorisation du Gouvernement, des caisses tontinières destinées à pensionner les employés au moyen *de retenues* prélevées sur leurs traitements [1].

Ces caisses sont subventionnées par le Trésor et on peut croire que ce nouveau système sera plus prospère; mais en 1830 de nouveaux événements, de nouvelles réformes précipitent les admissions à la retraite, et malgré l'aggravation des conditions attachées à l'obtention de la pension, le chiffre de la subvention s'augmente d'année en année pour s'élever, en 1852, à 15 millions de francs.

De 1831 à 1849, on s'était vivement préoccupé de cette inquiétante progression, et plusieurs projets de loi, tendant à réformer le système des retraites, furent successivement présentés à la Chambre des députés; un entre autres offre une grande analogie avec celui qui est en ce moment soumis au Parlement; mais aucun d'eux n'aboutit.

## II.

C'est à la suite de ces études qu'apparaît la loi du 9 juin 1853.

Cette loi, consacrant le principe proclamé par la loi du 22 août 1790, reconnaît que la pension viagère est une dette de l'État; mais au lieu d'être, comme sous l'empire de la législation précédente, accordée à titre purement gratuit, la pension est subordonnée au versement par les intéressés d'une retenue ordinaire de 5 p. 100 sur le traitement et de retenues éventuelles qui sont centralisées au Trésor.

Ces obligations, auxquelles étaient déjà assujettis les fonctionnaires et employés de l'État sous le régime des caisses de retraites, se trouvent donc maintenues; mais avec cette différence que la loi nouvelle ne crée point à proprement parler de caisse de retraite; elle ne considère en effet la retenue que comme une sorte d'impôt destiné à alléger les charges que le service des pensions imposera au Trésor [2].

---

1. « Le Gouvernement ne considéra pas l'établissement des caisses comme une dérogation au principe de 1790, mais comme *un secours qui lui était apporté.* — Le Gouvernement qui autorisait ces caisses et se réservait sur leur administration... l'autorité la plus absolue, n'y voyait qu'un auxiliaire utile, *un moyen de soulagement pour les finances de l'État,* mais non une négation de ses obligations. »

2. « Après une étude sérieuse des projets divers qui se sont produits sur la matière qui nous occupe, on est amené à reconnaître qu'il n'en est qu'un seul qui remplisse les conditions du programme dont nous avons tracé les traits principaux : c'est celui qui a pour objet de consacrer l'état de choses actuel, dans ce

Ces charges annuelles, la loi les limite au montant des extinctions réalisées, et si cette limite doit être dépassée par suite de l'accroissement des liquidations qu'occasionneront les nouvelles catégories de fonctionnaires admis à la retraite[1], elle stipule que l'augmentation nécessaire de crédit sera l'objet d'une loi spéciale.

Telles sont en substance les conditions financières de la loi du 9 juin 1853.

Quant aux dispositions réglementaires, elles procèdent en grande partie des principes établis par les ordonnances qui régissaient les caisses particulières de retraites, notamment de l'ordonnance du 12 janvier 1825, sur les pensions des employés et agents du ministère des finances.

Nous rappellerons les plus importantes; elles nous serviront au besoin de points de comparaison tout à l'heure.

La loi prévoit et règle des concessions de diverse nature.

La pension est acquise pour ancienneté :

Dans le service sédentaire, à 60 ans d'âge et 30 ans de service; dans la partie active, à 55 ans d'âge et 25 ans de service.

A titre exceptionnel :

1° Quels que soient leur âge et la durée de leur activité, aux fonctionnaires mis hors d'état de servir par suite d'un acte de dévouement dans un intérêt public, ou par suite de luttes soutenues dans l'exercice de leurs fonctions;

2° A ceux qu'un accident grave résultant de l'exercice de leurs fonctions met dans l'impossibilité de les continuer.

Elle est acquise, enfin, aux employés qui, comptant 20 ans de service et 50 ans d'âge, se trouvent atteints d'infirmités graves contractées dans l'exercice de leur emploi et qui les mettent, comme dans les cas précédents, hors d'état de continuer leurs fonctions ou dont l'emploi se trouve supprimé.

Elle est, dans les cas les plus exceptionnels (acte de dévouement,

---

sens qu'il *continue de faire contribuer les employés à une partie de la dépense des pensions et qu'il se borne à substituer l'État aux caisses de retraites* dont il s'attribue l'actif et prend le passif à sa charge, en cherchant sa garantie pour l'avenir, dans des conditions restrictives apportées à la concession de nouvelles pensions... » (Exposé des motifs de la loi du 9 juin 1853.)

1. La loi du 9 juin 1853 admet en effet, à titre nouveau, au bénéfice de la retraite, un grand nombre de fonctionnaires (80,000) qui précédemment n'obtenaient point de pensions.

luttes, etc.), de la moitié du dernier traitement; dans les cas les plus ordinaires (ancienneté, infirmités ou suppression d'emploi) de $^1/_{60}$ ou de $^1/_{50}$ par année du traitement moyen des 6 dernières années, selon que l'intéressé appartient à la partie sédentaire ou à la partie active.

Mais les pensions sont, *dans tous les cas*, soumises à des maximums, c'est-à-dire à des fixations qui ne peuvent être dépassées.

Dans la liquidation de ces pensions sont admis, mais à la condition que les services directement payés sur les fonds du Trésor aient une certaine durée, les services militaires et les services rendus dans les préfectures et sous-préfectures rétribués sur le fonds d'abonnement.

Les pensions de toute nature sont réversibles au profit des veuves ou des orphelins, et leur quotité est proportionnée aux circonstances qui ont donné ouverture au droit à pension.

Toutes sont incessibles et insaisissables, conformément aux principes établis par la législation antérieure (Ord. du 27 août 1817).

Ajoutons, pour compléter l'exposé, qu'un certain nombre de ces dispositions constituent, par rapport aux lois et ordonnances antérieures, une aggravation de la position des fonctionnaires et employés au point de vue de la retraite.

En effet, à la condition de 30 ans de service déjà exprimée par la plupart des règlements anciens, on ajoute la condition d'âge (60 ans) que n'imposaient pas plusieurs d'entre eux pour l'obtention de la pension à titre d'ancienneté.

L'admission des services militaires ou des services rendus dans certaines branches de l'administration est subordonnée à la condition d'avoir passé douze ans dans la partie sédentaire ou dix ans dans la partie active; tandis que la plupart des statuts des caisses tontinières de retraite n'attachaient à cette faveur aucune condition.

Les services dans l'armée de terre ou de mer se trouvaient, sous l'empire de plusieurs de ces statuts, confondus pour la liquidation avec les services civils, et rémunérés sur le même taux; d'après la loi de 1853, ils sont rémunérés d'après les tarifs bien moins favorables des lois des 11 et 18 avril 1831, sur les pensions militaires [1].

---

1. La *Revue d'administration*, à l'occasion d'un amendement plusieurs fois présenté, mais sans succès, à la Chambre des députés par M. de Gasté, a fait ressortir ce qu'il y a d'injuste dans ce mode de rémunération qui ne tient même pas compte des améliorations apportées aux tarifs des pensions militaires par les lois postérieures à 1831. (Voir 1880, t. I, p. 370 ; 1881, t. I, p. 358.)

Pour avoir droit à une pension exceptionnelle (cas d'infirmités simples) il faut, suivant le système de la loi de 1853, 50 ans d'âge et 20 ans de service dans la partie sédentaire et 45 ans d'âge et 15 ans de service dans la partie active. Quelques règlements, comme celui du ministère de l'intérieur (décret du 4 juillet 1806) ou des prisons (ord. du 8 septembre 1831), n'exigeaient, pour toutes conditions, que 10 ans de service.

La pension était, en général, basée sur la moyenne des traitements des trois ou quatre dernières années d'activité ; sous le régime de la loi de 1853, elle se calcule sur le traitement moyen des six dernières années.

Les services rendus hors d'Europe ne sont plus comptés double comme sous l'empire de la loi du 22 août 1790 ; mais seulement avec une bonification de moitié en sus de leur durée [1].

Les services sont rémunérés d'ailleurs sur le même pied pour toute la durée de l'activité, tandis que quelques règlements accordaient une liquidation meilleure pour les services rendus au delà de la période trentenaire.

La pension peut, à la vérité, d'après la loi de 1853, s'élever jusqu'aux deux tiers du traitement, limitation consacrée antérieurement pour plusieurs départements ministériels ; mais cette amélioration ne profite qu'aux employés jouissant d'un très-modique traitement (1,000 fr. et au-dessous). Pour la très-grande majorité des fonctionnaires (traitement de 2,400 fr. à 8,000 fr.), le maximum légal est fixé à la moitié du traitement moyen des six dernières années. Pour les traitements supérieurs à 8,000 fr., le maximum est même inférieur à cette moitié. Dans une pensée de solidarité, la loi s'attache, en effet, à faire profiter les petits employés des réductions auxquelles elle soumet les pensions les plus élevées.

## III.

Malgré ces aggravations, l'économie de la loi de 1853 se trouve bouleversée à partir de 1870.

On avait évalué, dans le principe, à 19 millions de francs, déduction

1. Il est juste cependant de reconnaître que l'ordonnance du 12 janvier 1825 sur les pensions des employés du ministère des finances avait déjà réduit de moitié la bonification.

faite des retenues, la charge annuelle que le Trésor aurait à supporter au bout de 30 ans, par suite de l'application de cette loi. En 1873, le chiffre des pensions dépassait 40 millions.

La commission du budget et la commission des services administratifs de l'Assemblée nationale s'étaient émues de cette inquiétante progression et de sévères critiques furent alors dirigées contre le système des retraites.

Elles prirent place dans une proposition de loi déposée le 16 juillet 1873 par M. l'amiral de Montaignac et plusieurs de ses collègues sur le bureau de l'Assemblée.

Ces critiques étaient les suivantes :

Le droit que s'attribue l'État de prélever des retenues sur le traitement est exorbitant;

Le fonctionnaire n'est pas assuré de retirer de ses sacrifices les avantages qu'il serait en droit d'en attendre;

S'il est assez heureux pour atteindre l'âge de la retraite, il n'aura qu'une rente viagère réversible sur sa veuve et cette rente ne sera pas graduée d'après l'âge du fonctionnaire.

Enfin (et cette considération semblait avoir surtout inspiré la proposition) dans le système de la loi de 1853, l'écart entre le chiffre des dépenses et celui des recettes va toujours grandissant et il est impossible de limiter les sacrifices du Trésor.

Écartant l'idée d'obtenir par de simples modifications de la loi actuelle « le redressement de ces griefs » et l'amélioration de la situation des fonctionnaires retraités ; écartant également la pensée qui dominait dans la législation antérieure et faisait de la pension de l'employé une *récompense nationale*, les auteurs de la proposition de loi soumise à l'Assemblée nationale ont cherché dans le principe des assurances les moyens de constituer aux employés un pécule d'une autre nature que la pension de retraite et qui, sans être soumis aux mêmes éventualités, leur assurât cependant des ressources suffisantes pour mettre leur vieillesse à l'abri du besoin [1].

Cette proposition, renvoyée à l'examen du Conseil d'État le 8 novembre 1872 par l'Assemblée nationale, a été transformée, après deux années d'études, en un projet de loi complet que le Sénat a adopté

1. Cette proposition s'inspirait des conceptions déjà émises par M. de la Monneraye, dans le rapport qu'il avait présenté au nom de la commission des services administratifs.

dans sa séance du 24 mars 1879 et dont le dépôt, ainsi que nous l'avons rappelé au début, a été effectué le 1er avril suivant sur le bureau de la Chambre des députés.

Ce projet de loi a pour but l'établissement d'une caisse de prévoyance [1] qui serait alimentée au moyen :

1° D'une retenue de 5 p. 100 sur les traitements ; d'une retenue du $\frac{1}{12}$ du traitement lors de la première nomination et des $\frac{1}{12}$ d'augmentation ultérieure ; des retenues pour cause de congés et d'absences ou de mesures disciplinaires ;

2° D'une subvention de l'État égale à 6 p. 100 des traitements soumis à retenue pour les employés du service sédentaire, et à 8 p. 100 pour ceux du service actif auxquels sont assimilés les fonctionnaires de l'instruction primaire.

Chaque fonctionnaire ou employé a un compte individuel où sont inscrites, d'une manière distincte, les retenues et subventions et ce compte est bonifié tous les ans d'un intérêt capitalisé à 4 1/2 p. 100.

La caisse établit un fonds de réserve dont l'actif se compose :

1° Du montant des retenues effectuées pour congés et absences, ou par mesures disciplinaires ; 2° du montant des comptes frappés de déchéance en totalité ou en partie ; 3° des bénéfices réalisés sur l'intérêt produit par les placements effectués à un taux supérieur à 4 1/2 p. 100 et sur les ventes de valeurs appartenant à la caisse ; 4° d'une subvention annuelle de 600,000 fr. fournie par l'État.

Ce fonds est destiné à couvrir les frais d'administration de la caisse, les pertes éprouvées soit sur la bonification d'intérêts, soit sur la réalisation des valeurs appartenant à la caisse et les majorations dont peuvent être susceptibles certains comptes.

Si le fonctionnaire ou employé quitte le service de l'État après 5 ans d'exercice, il a droit au montant de ses retenues capitalisées.

S'il compte 30 ans de service dans la partie sédentaire ou 25 ans de service dont 15 ans dans la partie active, il acquiert sur les subventions de l'État un droit dont il ne peut être privé que dans le cas de malversations, détournements ou autres causes graves de déchéance.

Néanmoins, après 15 ans de service, le fonctionnaire ou employé qui cesse ses fonctions par suite d'une mesure prise d'office, mais non

1. Cette caisse serait gérée par la Caisse des dépôts et consignations, sous le contrôle d'une commission de surveillance.

motivée par un cas de déchéance, a droit après 15 ans de service au montant des subventions versées à son compte.

Le même droit est acquis, mais sans condition de durée de service, 1° aux fonctionnaires et employés qui ont été mis hors d'état de continuer leur service, soit en exposant leurs jours pour sauver la vie de leurs concitoyens, soit par suite d'un acte de dévouement dans un intérêt public ou par suite de luttes ou de combats soutenus dans l'exercice de leurs fonctions ;

2° A ceux qu'un accident grave exclusivement imputable à l'exercice de leurs fonctions met dans l'impossibilité de les continuer ou d'en remplir d'autres.

Le montant des comptes est employé *au choix de l'ayant droit*, en achat d'une rente perpétuelle sur l'État ou d'une rente viagère dont le taux varie suivant que le fonctionnaire est plus ou moins âgé, célibataire ou marié, et suivant qu'il laisse une veuve avec ou sans enfants.

Si le fonctionnaire est marié et qu'il opte pour une rente viagère, le montant de la rente est calculé de façon à assurer la réversion au profit de sa veuve de la moitié de ladite rente.

S'il opte pour une rente sur l'État, l'usufruit en cas de survie est réservé à sa veuve.

S'il meurt dans l'exercice de ses fonctions et qu'il laisse une veuve et des enfants, le montant de son compte *retenue-subvention* est converti en une rente sur l'État au nom de la veuve pour l'usufruit et des enfants pour la nue propriété.

S'il laisse une veuve sans enfants, le montant du compte est converti en une rente perpétuelle dont l'usufruit appartient à la veuve et la nue propriété au fonds de réserve de la caisse.

Si la femme d'un fonctionnaire qui a opté pour la rente viagère meurt avant son mari et si, lors du décès de ce dernier, il reste des enfants mineurs, il est accordé sur le fonds de réserve à ces enfants un secours égal au tiers de la pension viagère qu'avait leur père.

Enfin, dans les cas de mise à la retraite ou de mort par suite de circonstances extraordinaires (actes de dévouement, luttes, accidents graves), le compte du fonctionnaire ou employé est majoré de façon à lui assurer, à lui, à sa veuve, ou à ses enfants une rente viagère équivalente à celle qu'il obtient suivant les dispositions de la loi du 9 juin 1853.

Telle est en substance l'économie de la nouvelle loi dont les dispositions, applicables à partir de sa promulgation, laisseraient entièrement sous le régime actuel les employés entrés antérieurement en fonctions.

Le principe fondamental de ce système est, comme on le voit, de permettre aux fonctionnaires et agents de l'État d'acquérir soit une rente viagère, soit une rente perpétuelle, laquelle deviendrait après leur mort transmissible à leurs héritiers et constituerait par conséquent un véritable patrimoine pour leurs enfants ou leur famille.

Envisagée à ce dernier point de vue, la Caisse nationale de prévoyance présente donc sur le système actuel un avantage incontestable, puisque les pensions concédées en vertu de la loi du 9 juin 1853 s'éteignent avec le décès du titulaire. Mais les résultats qu'on en attend seront-ils en réalité obtenus ? C'est une question qui, après examen, peut laisser dans l'esprit des doutes assez sérieux.

A une époque déjà éloignée de nous, le ministre de l'intérieur avait cru devoir recommander aux administrations municipales l'adoption d'un système organisé sur des bases à peu près semblables, retenue d'une part, subvention de l'autre. (Circulaire du 28 juin 1833.)

Peu d'établissements de cette nature furent cependant créés ; les communes préférèrent très-généralement, malgré l'importance de la dotation qu'elles comportaient, organiser des caisses tontinières selon le mode prescrit par le décret du 4 juillet 1806 qui régissait les pensions de retraites du ministère de l'intérieur et dont les dispositions, comme on l'a vu plus haut, étaient très-libérales.

L'expérience tentée par quelques municipalités qui, plus convaincues, avaient institué des caisses de prévoyance, ne fut point partout couronnée de succès et la ville de Tours qui, la première, avait organisé en faveur de ses employés une caisse semblable, a dû, après l'avoir expérimentée pendant 40 années, demander la liquidation de cette caisse qui a été remplacée par une caisse tontinière de retraite en vertu d'un décret rendu en Conseil d'État le 23 novembre 1878, dans le moment même où s'élaborait le projet de la Caisse nationale de prévoyance.

Cette transformation a été motivée sur ce que, malgré la subvention annuelle que s'imposait la ville (5 p. 100 de l'ensemble des traitements), « le titre de rente perpétuelle remis à l'employé était toujours insuffisant ». (Délibération du 29 décembre 1875.) Il fallut la plupart du temps autoriser l'aliénation de la rente, transformer en viager le capital acquis et encore la rente se trouva-t-elle presque toujours inférieure à celle que pouvaient obtenir, pour un même nombre d'années de service, les employés tributaires des caisses tontinières.

Le projet relatif à la création d'une Caisse nationale de prévoyance pour les fonctionnaires de l'État se présente sans doute dans de meilleures conditions que celui de la ville de Tours, car le compte des participants est subventionné de 6 ou 8 p. 100 selon qu'ils appartiennent au service sédentaire ou au service actif ; de plus, ce compte est assuré d'une bonification d'intérêt de 4.50 p. 100, intérêt que n'a peut-être pas toujours trouvé la caisse de Tours pour le placement de ses capitaux.

Néanmoins, il résulte des exemples cités à l'appui du projet de loi que la rente perpétuelle est, *dans tous les cas*, bien inférieure à la pension obtenue par les fonctionnaires et employés sous le régime de la loi de 1853.

Il faut bien admettre que l'homme qui entre dans les carrières publiques a, en général, peu ou point de fortune ; que le plus souvent même il se trouve dans ce dernier cas. Ce sera donc presque toujours, en raison de l'insuffisance de la rente perpétuelle, pour la rente viagère qu'il sera conduit à opter à la fin de sa carrière.

Cette rente sera-t-elle du moins supérieure à celle qu'il obtient d'après le système actuel ? Oui, s'il a joui, pendant tout le cours de sa carrière administrative, d'un traitement relativement élevé[1], s'il compte de nombreux services (plus de 30 ans), s'il est âgé (plus de 60 ans), surtout s'il réunit ces deux dernières conditions ; mais que l'une d'elles fasse défaut, la condition d'âge surtout, et la rente viagère devient inférieure à la pension liquidée d'après la loi de 1853.

*Exemples favorables au nouveau système.* — Un inspecteur général des ponts et chaussées ayant joui d'un traitement de 15,000 fr. et comptant 49 ans de service et 70 ans d'âge obtient une rente viagère non réversible de 12,254 fr. ; réversible par moitié, de 10,403 fr. — Pension d'après la loi de 1853 : 6,000 fr.

1. L'exposé des motifs présenté par la commission chargée de rapporter le projet au Sénat a critiqué les tableaux joints au projet du Gouvernement et donnant à titre d'exemples un certain nombre de liquidations effectuées d'après les bases de la loi nouvelle. — On a, dit le rapporteur, pris les traitements anciens au lieu des traitements nouveaux qui sont plus élevés, en sorte que, basée sur ces données, la liquidation des comptes n'est pas favorable au système. — Il reconnaît donc formellement que le chiffre des traitements joue un rôle important dans les résultats que procurent les comptes individuels.

Un juge de paix ayant joui d'un traitement de 2,700 fr. et comptant 30 ans de service et 78 ans d'âge obtient une rente non réversible de 2,752 fr. ou réversible par moitié de 2,364 fr. — Pension d'après la loi de 1853 : 1,350 fr.

Un chef de bureau ayant joui d'un traitement de 1,200 à 8,000 fr. et comptant 42 ans de service et 61 ans d'âge obtient une rente viagère non réversible de 4,834 fr. ou réversible par moitié de 4,025 fr. — Pension d'après la loi actuelle : 3,791 fr.

Un facteur rural (service actif) ayant joui d'un traitement de 840 fr. et comptant 63 ans d'âge et 31 ans de service obtient une rente viagère non réversible de 688 fr. ou réversible par moitié de 574 fr. — Pension d'après la loi actuelle : 519 fr.

*Exemples défavorables.* — Un ingénieur en chef des ponts et chaussées comptant 30 ans de service et 51 ans d'âge, et ayant joui d'un traitement de 1,800 à 6,000 fr. obtient une rente viagère non réversible de 2,541 fr. ou réversible par moitié de 2,196 fr. — Pension d'après la loi de 1853 : 3,458 fr.

Un employé (administration des cultes) comptant 55 ans d'âge et 20 ans de service obtient une pension non réversible de 671 fr. ou réversible par moitié de 567 fr. — Pension d'après la loi de 1853 : 855 fr.

Un autre, âgé de 59 ans et comptant 25 ans de service, obtient une rente non réversible de 923 fr. ou réversible par moitié de 771 fr. — Pension d'après la loi de 1853 : 1,269 fr.

Un garde-magasin obtient après 42 ans d'âge et 20 ans de service une rente viagère non réversible de 422 fr. ou réversible par moitié de 378 fr. — D'après la loi de 1853, sa pension se fût élevée à 600 fr.

Il est à noter que les exemples favorables sont empruntés aux tableaux annexés au projet de loi du Sénat et ceux qui sont défavorables aux tableaux joints à l'exposé des motifs du Gouvernement. — Nous avons, dans cet aperçu, été contraint de puiser aux deux sources, la commission sénatoriale n'ayant pas admis, en principe, les liquidations anticipées, c'est-à-dire avant 60 ans d'âge et 30 ans de service, et n'ayant point par conséquent fourni d'exemples de ces liquidations.

Ajoutons, pour compléter cet exposé, que des circonstances de diverse nature peuvent influer sur le chiffre des rentes viagères. « L'importance plus ou moins grande des plus anciens versements, la progression plus ou moins rapide des augmentations de traitement sont autant de causes qui modifient le résultat final. — Le même capital peut donner lieu à l'établissement de rentes viagères d'un chiffre différent, selon que ces rentes sont demandées à un âge plus ou moins avancé, qu'elles sont constituées sur une seule tête ou qu'elles sont réversibles sur la femme du titulaire [1]. »

Mais, en dehors de ces causes multiples d'influence, un fait trop évident ressort du système nouveau, c'est que le plus souvent, lorsque le fonctionnaire n'aura pas dépassé 60 ans d'âge ou 30 ans de service, la rente viagère que produira son compte individuel sera moindre que la pension qu'il obtient dans le système actuel et qu'elle s'affaiblira d'autant plus que l'intéressé comptera moins d'âge et de service.

Par voie de conséquences, l'avantage que le projet fait à la femme et qui consiste à lui assurer la moitié de la rente de son mari, au lieu du tiers qu'elle obtient seulement dans le système actuel, sera, quand ces conditions se présenteront, plus fictif que réel.

Pour que l'inconvénient que nous venons de signaler n'altérât pas l'économie du projet, il faudrait donc établir que la grande majorité des employés cessent leurs fonctions à un âge déjà avancé et après une longue durée de service, les agents qui viennent à quitter l'administration de bonne heure ne formant que de rares exceptions.

Or, nous croyons pouvoir dire qu'il n'en est malheureusement pas ainsi.

Indépendamment des réformes auxquelles se trouve constamment exposé le personnel des administrations publiques, les infirmités, les incapacités morales et physiques sont, en effet, des causes qui abrégent trop fréquemment la carrière de l'employé, et ceux qui, à 50 ans d'âge et 20 ans de service, se voient obligés de demander, pour un de ces motifs, leur retraite forment malheureusement une minorité considérable [2].

Appliqué à cette catégorie de fonctionnaires qui cependant méritent autant, si ce n'est plus que les autres, la bienveillance de l'État, le nouveau système serait donc désastreux ; au lieu d'obtenir des pensions

---

1. Exposé des motifs du projet du Gouvernement.

2. Il arrive même quelquefois que c'est la majorité. Le relevé des pensions inscrites, en 1875, au compte du ministère de l'intérieur, c'est-à-dire au moment où s'est affirmé le projet de loi, en fournit la preuve. Sur 155 titulaires, 54 seulement comptaient 60 ans d'âge et 30 ans de service.

du tiers de leurs traitements, ils ne pourraient prétendre qu'à une rente viagère insignifiante.

Nous en avons fourni tout à l'heure des exemples. — Si à 50 ans d'âge et 20 ans de service le résultat est si défavorable, quelle serait donc dans le système nouveau la situation de l'employé devenu infirme après 15 ou 20 ans de service et 40 ans d'âge ?...

Il suffit de poser la question pour voir qu'à ce point de vue le projet présente un assez grave inconvénient.

Pour justifier la différence entre la loi de 1853 et le nouveau système, on a fait ressortir, au cours de la discussion, les abus auxquels a donné lieu l'application de l'article 11 de cette loi relatif aux concessions de pensions pour infirmités. Ces concessions, a-t-on dit, ne sont pas toujours suffisamment justifiées, malgré les garanties dont la loi les a entourées (certificats des médecins traitants, des médecins assermentés, de l'autorité municipale, des supérieurs hiérarchiques des fonctionnaires).

Il y a beaucoup d'exagération dans ces critiques ; mais en admettant que la loi de 1853 prête à quelques abus ou plutôt à une interprétation un peu trop bienveillante, le système actuel est, à notre avis, bien préférable à celui qui consisterait à abandonner, en quelque sorte, des agents mis *d'office* à la retraite pour cause d'infirmités et incapables de se procurer des moyens d'existence.

Comme d'ailleurs c'est une question d'humanité, l'État se verra, dans la plupart des cas, moralement obligé d'allouer des secours à ces employés et le Trésor public se trouvera grevé du montant de ces nouvelles allocations. — Donc, d'économie, peu ou point ; la forme seule du subside aura changé !

On a, avec plus de raison, critiqué la loi actuelle dans celle de ses dispositions qui stipule que les versements des fonctionnaires ne peuvent être répétés dans aucun cas. — S'il meurt, ou vient à cesser ses fonctions avant d'avoir droit à pension, les retenues qu'il a subies sont en effet perdues pour lui ou pour sa famille. — Le Trésor seul en profite.

Le projet de loi, et c'est là son principal sinon son seul avantage, fait disparaître ce que cette prescription avait de rigoureux.

Après 5 ans de service, nous l'avons énoncé plus haut, l'intéressé a droit au montant de son compte de retenues qui devient, à l'expiration de ce terme, sa propriété absolue ; mais, ainsi que l'a fait remarquer l'exposé des motifs du Gouvernement, « cet avantage ne profitera réellement qu'à ceux qui, par des raisons personnelles, ou par suite de leur incapacité, devront prématurément résigner leurs fonctions et qui par cela même méritent moins d'intérêt. »

Au point de vue du bon fonctionnement des services, cette indépendance si absolue de l'administration et de l'employé, l'un vis-à-vis de l'autre, n'est pas d'ailleurs sans inconvénients et ces inconvénients se révèlent surtout dans la disposition qui permet au fonctionnaire mis *d'office* à la retraite, après 15 ou 20 ans de service[1], d'obtenir le montant de son compte de retenues et de subventions.

Dans le système actuel, l'État y regarde à deux fois avant de remercier ses serviteurs, ne serait-ce que pour ne pas compromettre, sinon leur faire perdre leurs droits à la retraite.

Dans le nouveau système, au contraire, cette hésitation n'aura plus de raison d'être. L'administration sera plus libre, c'est vrai ; mais par contre, elle s'exposera à voir ses meilleurs agents, ceux qui peuvent espérer un emploi plus lucratif de leur intelligence, la quitter après 15 ou 20 ans de service, juste au moment où ils pourraient lui être le plus utiles. Cet inconvénient avait également frappé la commission du Sénat, mais le rapporteur compte sur la fermeté et la sagesse des administrateurs pour ne pas se laisser entraîner par les facilités qui naîtront de l'application de ces dispositions.

Dans le système de la loi de 1853, qu'un fonctionnaire soit marié ou célibataire, qu'il ait 55 ans d'âge ou qu'il ait 75 ans, la rente viagère que lui sert l'État est toujours la même ; cependant, a-t-on dit, il y a une grande différence entre une rente viagère faite à une personne qui a 70 ou 75 ans et la même rente reposant sur la tête d'une personne qui a 55 ou 60 ans.

D'après le système de la Caisse de prévoyance, au contraire, cette rente est proportionnelle ; si le fonctionnaire se retire à 65 ans, il aura une rente beaucoup plus considérable que s'il quitte le service à 55 ans ; s'il est célibataire, il aura une rente plus forte que s'il est marié.

1. La mise à la retraite d'office pourra-t-elle en effet être refusée lorsque l'intéressé se prévaudra de raisons de santé, d'incapacité, d'intérêts de famille, etc...? Nous ne le croyons pas.

La loi de 1853, en calculant la rente viagère non sur l'âge, mais d'après les services rendus, est selon nous plus rationnelle et plus juste, puisque la pension est le prix de ces services. « L'agent dévoué qu'un accident grave ou des infirmités ont prématurément mis dans l'impossibilité de continuer ses fonctions, celui même qui, à 60 ans, compte 30 ou peut-être 40 ans de loyaux services a assurément autant de titres à réclamer un subside pour ses vieux jours que celui qui, par le hasard de sa carrière, ne sera entré qu'à 40 ans dans les fonctions publiques et les aura continuées jusqu'à 70 ans. Ce dernier aura sans doute, à raison même de son âge, rendu des services moins utiles; quelle raison dès lors de lui octroyer une rente viagère plus élevée[1] ? »

Les célibataires obtiennent, d'après le nouveau système, des rentes viagères plus élevées que les fonctionnaires mariés; cette différence a son explication dans ce fait que, pour le fonctionnaire marié, le montant du compte, au lieu d'être placé sur une seule tête, le sera sur deux.

Dans le système actuel au contraire, ce n'est pas sur la part de l'employé qu'est prélevée celle de la veuve ; la pension qui lui est dévolue est indépendante de celle de son mari et constitue une faveur purement gratuite de l'État.

Doit-on s'applaudir de ce que le célibataire soit mieux traité que l'homme marié ? D'une part, on ne voit pas trop quelle est, au point de vue de la justice distributive, la raison de cet avantage ; d'autre part, on peut se demander si, au lieu d'être un encouragement au mariage, il ne constituerait pas une sorte de prime pour le célibat.

Là, par exemple, où la loi nouvelle présente une supériorité incontestable sur la loi actuelle, c'est lorsqu'elle rémunère *tous* les services, et qu'elle fait disparaître les maximums établis par la loi de 1853.

En effet, passé un certain chiffre, les fonctionnaires continuent, dans le système de cette loi, à subir la retenue bien qu'elle ne puisse plus leur profiter, et il arrive souvent que ces prélèvements stériles se continuent longtemps avant la mise à la retraite de l'employé.

Au point de vue purement économique, ces limitations sont très-avantageuses pour le Trésor; mais elles sont assurément très-fâcheuses pour les employés dont elles sacrifient les intérêts.

1. Observations du ministre de l'intérieur sur l'avant-projet.

Dans la loi nouvelle, la subvention disparaît, il est vrai, lorsque le compte du fonctionnaire s'élève à 70,000 fr.; mais ses versements personnels, les retenues prélevées sur son traitement, continuent à lui profiter sans limitation. — C'est donc un avantage sérieux.

La loi du 9 juin 1853, non-seulement tient compte des services militaires pour l'établissement du droit à pension, mais elle les rémunère d'après les tarifs annexés aux lois sur l'armée de terre et de mer.

Dans le système projeté, ces services ne concourent plus avec les services civils que pour établir le droit au montant de la subvention. Encore faut-il qu'ils aient une durée de 2 ans au moins [1]. C'est, croyons-nous, une aggravation très-sensible de la situation actuelle. Il en résultera que, pour les agents inférieurs ou du service actif, qui se recrutent généralement parmi les anciens militaires, les services rémunérables ne commenceront qu'à partir de 26 ans.

Des inconvénients analogues ressortent des dispositions relatives aux services des employés des préfectures et des sous-préfectures.

La loi de 1853 admet les services de ces employés dans la liquidation des pensions non-seulement pour la constitution du droit, mais encore pour la rémunération, à la seule condition que les services directement rétribués par l'État aient une durée de 12 ans. Cette disposition est évidemment très-favorable à la classe très-nombreuse des employés qui débutent dans les bureaux des préfectures pour occuper ensuite des fonctions ressortissant aux administrations publiques : percepteurs, conseillers de préfecture, etc.

Le projet de loi compte, il est vrai, ces services pour l'établissement du droit à la subvention, et l'intéressé, pour en profiter, n'aura pas, comme dans le système actuel, à justifier de 12 ans de service à l'État; mais il *ne rémunère pas*, en fait, ces services.

C'est donc une grande perte pour les employés et une perte qui, par suite, influera d'une manière fâcheuse sur le recrutement des bureaux des préfectures et des sous-préfectures.

1. Les avant-projets (ceux du Conseil d'État et du Gouvernement) rémunéraient les services militaires lorsqu'ils viennent à se prolonger au delà de 5 ans par suite de rengagement; mais cette disposition n'a pas été maintenue par le Sénat : on a craint qu'elle fût de nature « à exciter les militaires, les sous-officiers qui sont restés 10 ans sous les drapeaux à quitter le régiment pour entrer dans les fonctions civiles ».

Le projet contient quelques autres innovations que nous signalons en passant.

Actuellement, les membres du Conseil d'État, les préfets et les sous-préfets ne supportent pas de retenues sur leurs traitements, bien qu'ils obtiennent pension comme les autres fonctionnaires[1].

La loi nouvelle, assurant à l'État vis-à-vis de tous les fonctionnaires amovibles une entière liberté d'action, fait cesser cette exception qui n'a plus de raison d'être.

Elle appelle, en outre, à la retraite, les directeurs et médecins des asiles publics d'aliénés qui, pour la plupart, sont tributaires des caisses départementales de retraites, et les commissaires de police, dont le traitement est imputé en partie sur les fonds départementaux et communaux.

## IV.

Telles sont, brièvement exposées, les observations principales auxquelles nous semble donner lieu l'examen de la loi nouvelle, quant à la situation des fonctionnaires et employés au point du vue de la retraite.

Il nous reste à examiner quel est le mécanisme de l'institution et les avantages qu'on peut en attendre au point de vue financier.

Nous avons dit plus haut que, dans la pensée de ses auteurs, la loi nouvelle doit, non-seulement améliorer la situation des employés retraités, mais encore diminuer et limiter les charges que le service des pensions impose au Trésor et qui se sont accrues pendant ces dernières années en dehors de toute prévision.

Lorsqu'en effet la loi de 1853 a été présentée, on avait cru pouvoir affirmer que la dépense, qui était alors de 15 millions de francs, n'excéderait pas 29 millions lorsque les agents appelés à pension à titre nouveau seraient retraités, c'est-à-dire après 30 ans, et, jusqu'en 1869, ces prévisions se maintinrent; mais à partir de 1870, le crédit affecté au service des pensions augmente pour s'élever, en 1876, à 42,300,000 francs.

Si l'on recherche les causes de cet accroissement, on reconnaît toutefois qu'elles résident bien moins dans la loi même que dans des circonstances qui lui sont étrangères.

1. La loi du 9 juin 1853 a maintenu ces fonctionnaires sous le régime de la loi du 22 août 1790 et du décret du 13 septembre 1806.

L'augmentation des traitements, la création de nouveaux services, d'importantes réformes [1], les mises à la retraite qui en sont la conséquence, l'application de la loi du 30 mars 1872 qui autorisait la concession de pensions exceptionnelles en faveur d'anciens fonctionnaires ou employés remplacés pour cause politique et sans condition d'âge, sont autant de causes qui influent dans des proportions considérables sur l'accroissement de dépenses.

L'exposé des motifs du projet adopté par le Sénat reconnaît que c'est par suite de ces circonstances diverses que l'économie de la loi de 1853 a été troublée; mais il reproche précisément à ses auteurs de n'avoir pas prévu ces éventualités et de n'avoir pas prémuni le Trésor contre les charges qui pourraient en résulter.

Aussi la loi nouvelle cherche-t-elle à éviter cet écueil et à limiter la dépense du service des pensions. Toutefois, il y a un point sur lequel on ne peut se faire aucune illusion: c'est que le passage d'un régime à l'autre entraînera de très-lourds sacrifices.

En effet, le nouveau système n'étant pas applicable aux fonctionnaires actuels [2], la loi de 1853 devra fonctionner parallèlement pendant une période évaluée à 33 ans, moyenne de la durée des services. Or, pendant cette période, les charges du Trésor seront, d'une part, augmentées de la subvention accordée aux nouveaux fonctionnaires, soit 15 millions [3], et, d'autre part, ses recettes seront diminuées des retenues (16 millions) dont l'encaissement n'aura plus lieu.

D'après ces données et en supposant que le minimum de la dépense résultant de la loi de 1853 soit de 65 millions, on a calculé que le fonctionnement des deux lois entraînerait, pendant la période transitoire, une dépense de 2 milliards 150 millions, soit 517 millions de plus que si la loi de 1853 était maintenue. Mais, après cette période de 33 ans, la dépense résultant de l'application de la loi nouvelle ne serait

1. Après l'inscription, en 1868, des pensions aux agents réformés du service des douanes, le total de la dépense s'accroît de près de 2 millions.

2. L'article 43 porte que néanmoins ces fonctionnaires et employés seront admis, sur leur demande, à jouir du bénéfice des dispositions de la nouvelle loi en renonçant à toute prétention aux retenues qu'ils auront antérieurement subies ; mais il est probable qu'en raison de la condition à laquelle cet avantage est subordonné, peu d'entre eux voudront en profiter.

3. Il n'est question ici que de l'intérêt que le Trésor pourrait avoir dans la combinaison et non de la subvention de 6 millions demandée, en outre, aux départements et aux communes pour les employés qui viennent à passer des emplois départementaux et communaux aux emplois de l'État.

plus que de 15 millions, tandis que, si on conservait la loi actuelle, les pensions civiles coûteraient au Trésor 49 millions au minimum, soit 34 millions de plus [1].

La création de la Caisse nationale de prévoyance procurerait donc, dans l'avenir, au Trésor une importante économie; mais cette économie ne se produira que dans un temps très-éloigné et imposera, par contre, au Trésor une dépense considérable pendant la période de transition.

D'autres objections se posent également. On sait que la Caisse doit bonifier l'intérêt des comptes individuels de 4 $^1/_2$ p. 100. Trouvera-t-elle toujours des placements à ce taux et comment les engagements de l'État à cet égard pourront-ils être remplis? Cette éventualité et les changements qui pourront se produire dans l'échelle des traitements ne sont-ils pas de nature à déranger l'équilibre de ses finances? Enfin, les rentes viagères ne subiront-elles pas elles-mêmes des dépréciations et n'en résultera-t-il pas de graves mécomptes?

Ces diverses objections se sont produites au cours de la discussion; mais le Sénat ne s'y est pas arrêté.

L'honorable rapporteur du projet affirme qu'on trouvera des ressources suffisantes pour parer aux éventualités dans le produit de la subvention annuelle de 600,000 fr. constituant le fonds de réserve, ainsi que dans la capitalisation des retenues extraordinaires et dans le produit des comptes frappés de déchéance qui doivent alimenter ce fonds.

Ces diverses ressources fourniront, suivant ses calculs, environ 12 millions qui permettront de couvrir les différences d'intérêt et l'accroissement de subvention que nécessiteraient les augmentations de traitement, en admettant même que cette augmentation fût de 20 p. 100 dans 30 ans.

## V.

En résumé, la substitution du système proposé au système actuel aurait, dans la pensée de ses auteurs, pour avantages principaux :

De procurer au Trésor, dans 33 ans, une économie de 34 millions environ sur la dépense des pensions civiles;

D'assurer aux fonctionnaires et employés la propriété de leurs rete-

1. Ces chiffres, empruntés à l'exposé des motifs présentés par l'honorable M. Gouin au Sénat, ont été acceptés par le Gouvernement.

nues, qui se trouvent actuellement perdues pour eux lorsqu'ils viennent à quitter l'administration avant l'heure de la retraite;

De faire disparaître de la législation actuelle ce qu'a d'excessif, sinon d'injuste, la limitation des pensions à des maximums;

De donner surtout aux fonctionnaires et employés la possibilité d'acquérir un capital, transmissible à leurs héritiers.

Mais nous avons vu ce qu'on peut vraisemblablement attendre de ces séduisantes promesses.

M. le ministre des finances a, au cours de la discussion devant le Sénat, exprimé une opinion qui prouve qu'il ne partage pas absolument les espérances des promoteurs du projet.

« Il me paraît difficile, disait M. L. Say, sinon impossible d'atteindre à la fois deux buts que je crois contradictoires et qui consistent à améliorer la situation des retraités en améliorant celle du Trésor. »

Et plus loin : « Mon sentiment est que les avantages du nouveau système sont moindres que ne le pense la commission ». En ce qui concerne particulièrement le côté financier du projet : « M. Gouin croit pouvoir chiffrer les avantages de la loi nouvelle comparée à celle de 1853. Eh bien ! je dis que si l'on veut apprécier des avantages de cette nature, il est impossible d'arriver à un résultat exact. » (*Journal officiel* des 8 et 15 mars 1879.)

Les réserves que M. le ministre des finances faisait surtout au point de vue du Trésor, nous les faisons au point de vue de l'intérêt des serviteurs de l'État. Malgré les affirmations des défenseurs du nouveau système, il ne nous est pas prouvé que ce système soit plus avantageux à la majorité des petits ou moyens employés. Nous craignons au contraire que, dans la majeure partie des cas, leur situation ne soit moins bonne qu'aujourd'hui. Nous nous défions des exemples choisis; ce ne sont pas des cas isolés qu'il faut considérer, mais l'ensemble des cas. Nous sommes surtout ému de la facilité avec laquelle le projet écarte de ses calculs les pensions anticipées pour infirmités, affectant de les considérer toutes comme abusives. Les infirmités humaines sont-elles donc si rares? Les employés de l'État sont-ils à l'abri de la loi commune et ne voit-on pas, dans toutes les professions, des personnes obligées de renoncer, entre 40 à 60 ans, à leurs occupations ordinaires? Admettre en principe que tout fonctionnaire sera valide jusqu'à l'âge de 60 ans au moins et ne pas se préoccuper de ceux qu'un dévouement peut-être plus grand à leurs devoirs aura mis prématurément hors d'état de servir; retrancher absolument des calculs cet élément qui pourtant tient une place si importante dans les faits, est-ce établir une comparaison sincère? Dans une question qui touche de si près à tant d'intérêts et à des intérêts si respectables, il ne faut pas se laisser entraîner par des théories plus ou moins séduisantes. Une étude calme, froide et approfondie est indispensable.

Nous ne nous plaignons donc pas du retard que la Chambre des députés a apporté à l'examen du projet de loi préparé par le Sénat. Ce retard même nous prouve qu'elle a compris les difficultés ; ses hésitations sont pour nous d'un bon augure.

La Chambre nouvelle aura à poursuivre les études commencées; qu'elle adopte le nouveau système, en y introduisant certaines améliorations indispensables, ou qu'elle maintienne la loi actuelle des pensions en faisant disparaître celles des dispositions de cette loi qui prêtent à la critique, nous espérons qu'elle apportera dans la solution le même esprit que la Chambre dont les pouvoirs viennent d'expirer a apporté à la révision des pensions militaires. Le fonctionnaire civil, pas plus que l'officier, ne peut amasser de patrimoine. Son traitement suffit à peine à ses besoins et à ceux de sa famille. L'État a donc le devoir d'assurer aux uns et aux autres une retraite honorable; il ne doit pas reculer devant la dépense; ce qu'il consacre au service des pensions, il le donne en moins comme traitement. Il est incontestable, en effet, que la perspective de la pension est pour beaucoup dans la décision qui pousse les jeunes gens à entrer dans des carrières souvent peu rétribuées et que, sans cette perspective, il faudrait, pour assurer dans des conditions égales le recrutement du personnel, élever dans une proportion notable le taux des traitements d'activité.

Léon Lebour,
Sous-chef du bureau des pensions
au ministère de l'intérieur.



Nancy, imprimerie Berger-Levrault et Cie.

LIBRAIRIE ADMINISTRATIVE BERGER-LEVRAULT ET Cie

PARIS, 5, RUE DES BEAUX-ARTS. — MÊME MAISON A NANCY

---

# DICTIONNAIRE

DE

# L'ADMINISTRATION

## FRANÇAISE

PAR

M. MAURICE BLOCK

MEMBRE DE L'INSTITUT

AVEC LA COLLABORATION DE MEMBRES DU CONSEIL D'ÉTAT, DE LA COUR DES COMPTES
DE DIRECTEURS ET CHEFS DE SERVICE DE DIVERS MINISTÈRES, ETC.

---

**NOUVELLE ÉDITION**

ENTIÈREMENT REFONDUE, AUGMENTÉE ET MISE A JOUR (1877)

---

Un volume in-8° de xv-1856 pages, renfermant la valeur de 28 volumes ordinaires
Prix, broché, **30** fr.; relié en demi-chagrin, plats toile, **34** fr. **50** c.

---

## SUPPLÉMENT ANNUEL

I. Novembre 1878. In-8°, même format que le Dictionnaire. Prix : **2** fr. **50** c.
II. Novembre 1879. — — — Prix : **2** fr. **50** c.
III. Novembre 1880. — — — Prix : **2** fr. **50** c.

Nancy, impr. Berger Levrault et Cie.

www.ingramcontent.com/pod-product-compliance
Ingram Content Group UK Ltd.
Pitfield, Milton Keynes, MK11 3LW, UK
UKHW020450220726
13923UKWH00005B/2447

9 782019 283872